나랑 같이 여행 갈래

송도아

안녕하세요.
저는『나랑 같이 여행 갈래』여행 작가 도아입니다.

이번에 소개할 책은요.
『나랑 같이 여행 갈래』라는 여행책입니다.
모든 세상 사람에게 보여주고자 해요.

일에 지친 사람들, 학업에 힘든 사람,
너무 바쁜데 휴가 내기엔 눈치 보이는 사람들
아이들 때문에 스트레스받는 사람들,
부부싸움 하는 부부들에게
추천하는 여행책이라고 할 수 있지요. 이런 사람들에게
힐링이라는 선물을 주고 싶은 건 제 마음이에요.
저의 경험으로 여행을 대신해 드렸어요.

여행책은 힐링 그 자체잖아요.
제, 여행책을 읽고 힐링하길 바랄게요.
그 사람들에게 이, 여행책을 보여주고 싶네요.
그걸로 만족하라고 전해줄 사람들에게 말해줄래요.
이걸로도, 충분하다고요. 보는 것만으로도 좋잖아요

그럼, 여기까지만 여행 작가 도아였습니다.

봄에는 이천, 양평, 진안 여행을 다녀왔지.

 이천 여행에서 제일 좋았던 곳은 이진상회. 볼거리가 가득했고 하늘이 맑고 햇살이 따스히 밝혀주는 곳이라 따뜻함을 나눠주는 이천이라고 생각해

 양평 여행은 신선하고 한가로운 여행이 되었고 양평 들꽃 수목원에서 바나나 향이 나는 꽃을 발견했어. 그, 꽃은 아름다운 햇살의 따스함을 듬뿍 받고 자란 들꽃이었지. 향기로움에 은하수 같은 하루를 잘 보냈어.

 진안은 한 번쯤 가보고 싶은 곳이었어. 벽에는 '사랑은 연필로 쓰세요'라는 문구가 새겨져 있었다. 그 글이 행운이 아닐까? 생각해 봤어. 혹시 운명이 찾아오기도 하면 나는 어떤 선택을 할지 궁금해. 마이산에 갔던 날, 걷는 걸음이 무거웠다. 걷는 내내 얼마나 힘들었는지 근데 재밌어. 왜인지는 모르겠지만 그래도 여길 오길 잘했다며 내 자신을 토닥여줬어.

여름에는 곡성, 구례, 성주. 천국보다 더 아름다운 여행이었어.

개인적으로 좋아했던 장소가 곡성이라는 걸 알고 있니?
곡성 여행에서 제일 찬란했던 도깨비 마을 왠지 진짜 도깨비가 있을 것 같은 장소이기도 해. 나는 좋았거든 엄마랑 놀 수 있는 시간. 그, 시간만큼은 나에게 축복이었어. 엄마와 노는 게 제일 좋아 엄마 덕분에 안 심심했어.

이리와 구례 여행은 처음이지?
나는 여기만 오면 명상하고 싶거든. 구례에 오면 여기 꼭 가봐 섬진강 대나무 숲길. 여기는 그네도 있어서 동심으로 돌아갈 수 있는 숲길이라 걷는 걸음도 가벼워져. 산책하면 좋을듯 해. 힐링할 수 있는 좋은 공기 마시며 걸어봐 기분이 좋아질 거야.

한가로운 시골에 온 듯한 몽글몽글 구름과 맑은 하늘 밝은 태양, 나무와 꽃들이 반겨주는 이곳 바람이 솔솔 불어오는 성주에 놀러 왔어. 나는 마치 동화 속 주인공이 된것 같은 하루였어.

빨간 머리 앤이 나, 같아서 쑥스러워.

가을에는 봉화, 군위, 평창. 가을 갈대처럼 흔들리는 계절에 잠시 길을 잃은 고양이 한 마리가 된 나야.

봉화에 놀러 온 건 가을에 풍경과 더 그리운 할머니가 생각나서 놀러 왔지. 선선한 바람이 불어오면 그, 바람이 내 마음을 진정시켜 주는 진정제라고 생각할래. 국립백두대간 수목원에선 내가 좋아하는 호랑이를 만났어. 막상 바라만 보니 나도 호랑이 한청이랑 무궁이처럼 강한 사람이 되고 싶어. 그만큼 강한 사람들에게 강해지고 약한 사람에게 약한 사람이 되겠다는 각오로 각성해야겠다. 마음먹었어.

벅찬 숨소리 걸어도 걸어도 끝이 없는 군위 한밤마을 무작정 왔지, 뭐야. <나쁜 엄마> 촬영지에 그냥 왔어. 왜냐하면 집에만 있기는 심심해서 나는 이날 느꼈어. 난, 맨날 집에서 TV만 보고 있기 싫어. 나도 이제는 더 이상 참지 않아. 나랑 어디든 가자 엄마에게 전해주고 싶어. 나, 데려가 줘 아니면 나 삐진다고.

이곳은, 평창 올림픽이 열리는 곳. 알펜시아 스키점프 센터에 갔던 나의 시간들. 그, 곳에서의 추억은 방울방울 새록새록. 지금 생각해 보니 이, 날은 유독 내 기분을 흥분시켜 주는 여행이었던 게 왜인지는 모르겠지만, 아무튼 좋아.

겨울에는 목포, 고성, 나주. 추억이 묻어나는 감성 가득한 날.

한 겨울 한 해가 저물어 갈 때쯤, 목포로 시간여행을 다녀왔다. 엄마가 좋아하는 한옥같은 학은재 숙소. 엄마 덕분에 내가 글을 편하게 쓸 수 있었다는 해피엔딩이었다. 목포에 있는 구보책방에 책을 물 흐르듯 자연스레 사는 게 여유가 있는 듯. 우리의 시간여행은 다양했다. 아빠랑 엄마랑 다 함께 계절 양탄자을 타며 마침 영화 속 알라딘이 생각이 났어. 마치 주인공인 줄 알았다니까. 산들산들 보들보들 나의 포근함을 느꼈으면 해서.

겨울에 꼭 가봤으면 하는 고성. 걷는 것도 좋고 사진 찍는 것도 좋고 볼거리가 많고 먹거리도 풍성하고 또 하고 싶은 게 많아. 숙소 고유의뜰은 따스함이 가득한 공간에 아늑한 향기가 몰려오는 바람에 잠깐 멈칫하게 되는 나의 시계. 이, 시계는 멈추질 못하는 초침이 뚝딱 소리가 아주 미세하게 들려온다. 하루를 더 빠르게 흘러 어느새 나는 대학교를 졸업하고 어느덧 어른이 되어 엄마에게 인생을 배우게 된 수강생이 되었다.

나주 안녕? 만나서 반가워 어떻게 잘 지냈니? 너를 만나 좋았던 순간은 한순간에 너와 만난 건 우연이야. 기적 같은 하루지 나주목사내아 금학헌이라는 곳에 잠시 들려 추억 한 장 찰칵 찍고 나서 영산포 홍어거리에 홍어를 먹으러 갔다가 정말 맛있게 먹은 날이 금방 생각이 났지. 나는 엄청 맛있게 먹은 게 좋았어.

목차

고성 나는 1월을 달리는 중이야
  행복2
  나는 요즘에

나주 안녕. 2월
  붉은 노을, 밤이 되기 전

이천 봄아 다시 와서 참, 다행이야
  카페 진리에서
  옛날 감성 사진작가

양평 선선한 한가로운
  아빠와 엄마는 천생연분
  감사합니다
  보물섬

진안 햇살 가득한
  벽

곡성 맑은 하늘 밝은 태양 불어오는 바람
  엄마의 성격
  엄마와 나

구례
천국보다 아름다운
흐르고 있다
어느 여름 구례 섬진강 대나무 숲길

성주
조금은 아쉬운 여름
앤의 정원에서
8월 마지막 밤 이야기

봉화
여자의 마음은 갈대
좋은아침
9월 안녕, 잘가

군위
너와 나 단둘이
오늘은 나쁜 엄마 촬영지에 왔다
나의 직업병

평창
11월의 마지막의 가을아 이젠 안녕
상상의 나라
선물

목포
찬란함이 경이로운 날
엄마의 미소
나랑 같이 여행 갈래?

고성

Letter from Doa

나는 1월을 달리는 중이야.
더 빨리 달려! 1월이 지나가잖아.

1월아, 아주 조금만 천천히 가줄래?
너와 함께 여행 가고 싶어
겨울의 추억을 느낄 수 있는 고성에 머물고 갈래.

델피노 더 엠브로시아

강원도 고성군 토성면 미시령옛길 1153

소노펠리체 델피노 EAST 10층

청간진 해변

Doa's Travel Course

DAY 1 ☀ ☁ ☂

델피노 더 엠브로시아

고유의뜰

청간진

테일커피

송지호둘레길

DAY 2 ☀ ☁ ☂

스테이해돋

북끝서점

주변인김파랑

고유의 뜰

강원도 고성군 토성면 풍곡1길 130-7

테일커피

강원도 고성군 죽왕면 가진길 40-5

행복2

지금도 행복하다.
내일도 행복할거다.
나는 매일 행복하고 싶다.

난, 지금도
여전히 행복이 아니라
즐거운 것이다.

오래오래 건강하게
항상 웃을 날이 오기를 바란다.

스테이 해돋

강원도 고성군 토성면 아야진해변길 45

나는 요즘에

난, 요즘에
항상 글을 써
근데 생각 안 나
생각을 하려 해봐도
생각이 안 나는데,
어떻게 하지?
고민도 해보고
또 글을 쓰려고 해도 멈추고,
막상 생각하려니
펜을 놓아 버린다
그리곤 늘 나와 함께

북끝서점

강원도 고성군 토성면 교암길 78-1

북끝서점

Good bye GoSung

나주

Letter from Doa

안녕. 2월

널, 처음 만난 날

눈이 펑펑 왔던 그곳에서

네가 나에게 고백했지

날, 좋아한다고

나는 어쩔 수 없이 받아들였지

그리고 나도 사랑한다고 말했어.

우린 서로 좋아하고 사랑하는 사이가 되었어.

나와 함께 지금, 이 순간을

추억 담아가지 않을래?

한수제 물레길

Doa's Travel Course

DAY 1 ☀ ☁ ☂

한수제 물레길
복합문화공간 마중 3917
복합문화공간 마중 3917 회화목
금성관
나주곰탕 하얀집
나주목사내아 금학헌

DAY 2 ☀ ☁ ☂

나주향교
서성문
영산포 홍어거리
영산강 황토돛배
일본인 지주 가옥
영산포 역사갤러리
빛가람전망대

복합문화공간 마중 3917

전라남도 나주시 향교길 42-16

복합문화공간 마중 3917-회화목

전라남도 나주시 향교길 42-16

붉은 노을, 밤이 되기 전

오후에는 맑은 하늘에 두둥실 떠 있는 붉은 노을은

밤이 되기 전에 떠 있고

새벽이 오기 전에 밤이 찾아온다.

깊은 밤이 지나가면 새벽이 찾아오고

그러다 아침이 되어, 또 오후가 되는

나의 일상은 참 아름답다.

나의 새로운 삶은 이, 허전함을 통하여

성장하는 것은 새로운 인생에서 적응하는 것이다.

나주향교

전라남도 나주시 향교길 38

나주 홍어거리

영산강 황토돛배

일본인 지주 가옥

빛가람전망대 모노레일

전라남도 나주시 빛가람동 호수로 77

Good bye NaJu

이천

Letter from Doa

봄아 다시 와서

참, 다행이야

초록초록한 따스한 너

내 맘을 훔친 봄

매일을 설레게 한 날이

나에게 좋은 날이야

나랑 봄 여행 같이 갈래?

Doa's Travel Course

DAY 1 ☀ ☁ ☂

이진상회

세상의모든아침

에덴파라다이스호텔

DAY 2 ☀ ☁ ☂

티하우스에덴

시래마루 젓갈정식

카페진리

이진상회

경기도 이천시 마장면 서이천로 648

시래마루 젓갈정식

경기도 광주시 곤지암읍 경충대로 661 1층

카페진리

경기도 이천시 경충대로2481번길 94

엄마는 여유 한잔을 마시고

나는 엄마 옆에서 글을 쓰고 있었다.

카페 진리에서

세상의 모든 아침

경기도 이천시 마장면 서이천로 449-79

에덴파라다이스 호텔

경기도 이천시 마장면 서이천로 449-79

옛날 감성 사진작가

우리 아빠는 옛날 감성이 묻어나는
필름 카메라를 갖고 있었다.
추억을 담아가는 아빠의 카메라
엄마와 나는 모델로 되어
추억 한 장 찰칵 사진을 찍어주며
여행을 가는 날엔
꼭 챙기는 필름 카메라와 필름 한 두통씩 갖고 다닌다.
아빠는 추억을 담아가는 게,
마치 행복한 아이처럼 좋은가 보다.
아빠는 사진찍기를 좋아한다. 엄마도 좋아하는데

P.S.아버지 앞으로도 더 사진 많이 찍어주세요.
그동안 사진 많이 찍어줘서 고맙습니다.

Good bye Icheon

양평

Letter from Doa

선선한 한가로운

맑은 하늘 위로

바람이 불어오는 여유로운 삶

이게 나야. 이 순간만큼은

주인공이 된 기분

난, 마치 하늘을 날아다니는 새야.

로우드 카페

경기도 양평군 강상면 강남로 1604 1층 로우드

Doa's Travel Course

DAY 1 ☀ ☁ ☂

양평물맑은시장

양평들꽃수목원

소노휴 양평

DAY 2 ☀ ☁ ☂

양평등갈비

로우드 카페

제로제 카페

용문산출렁다리

용문사

산책하는 고래

양평들꽃수목원

경기도 양평군 양평읍 경강로 1704

아빠와 엄마는 천생연분

아빠와 엄마는 천생연분 같아서 좋다.
때론 티격태격 부부싸움도 할 때가 있지만
그래도 금슬좋은 천생연분

요즘은 아빠와 엄마는 야밤 편의점 데이트를 간다.
이것 또한 천생연분에 일종이다.
어제도 오늘도 엄마 따라 나와
나랑 점심 저녁 먹는 것도 천생연분
앞으로도 더 자주 둘이 붙어 있었으면 좋겠다.

그러니까 아빠랑 엄마는 천생연분이야
행복하잖아. 행복했으면 됐어.

P.S. 아빠, 엄마 평생 붙어있어 줘.
서로를 좋아하고 사랑하면서

제로제 카페

경기 양평군 용문면 서원말길 39

감사합니다

2년 만에 다시 우리들을

해밝게* 맞아주셔서 감사합니다.

먹을 것을 친절히 나눠 주셔서 감사합니다.

쉴 수 있는 공간을 주셔서

우리들도 해맑게 사장님을 반겨주네.

맛있게 잘 먹었습니다.

쉴 수 있는 공간을 주셔서 고맙습니다.

잘 먹고 놀다 가요.

제로제에서

* 해밝게: 해처럼 밝게

보물섬

아빠와 보물섬 가게앞에

아이스크림을 나눠먹는

부녀가 있다.

산책하는 고래

경기도 양평군 용문면 용문산로 340-20 1층

Good bye YangPyeong

진안

Letter from Doa

햇살 가득한

숲길에서 아침의 새소리가

청량하게 들려오면

맑은 시냇물이 시원하게 흐르고

나는 멍하니 바라만 보고 있으면

기분이 좋아지는 봄

카페 공간 153

전라북도 진안군 진안읍 당산길 26-2

Doa's Travel Course

DAY 1 ☀ ☁ ☂

마이산도립공원

마이산탑사-천지탑

마이산카페토박이

진안꽃잔디동산

용담호 산책

진안토담펜션

DAY 2 ☀ ☁ ☂

진안흑돼지

카페공간153

583양조장

벽

나의 인생에 첫 벽을 마주치고 말았다.

앞으로 나아가는 길에 가로막고 있었어.

나는 앞으로 갈 수 없었지

그렇다면 방향을 틀어 이번엔 왼쪽으로

다시 뒤로는 갈 수는 없겠지만

나의 첫걸음을 시작해야겠다.

내 인생에서 가장 큰 벽은

딱 하나가 나의 방해물이 되었다고

그 하나는 무엇일까?

고민을 하고 생각이란 것을 한 것 같아

그렇다면 나의 방해물은 무엇인가?

그것은 바로 사회인이 되어가는

세상이라는 무게가 방해물이란 것

바로 이런 것이다.

마이산탑사

전라북도 진안군 마령면 마이산남로 367

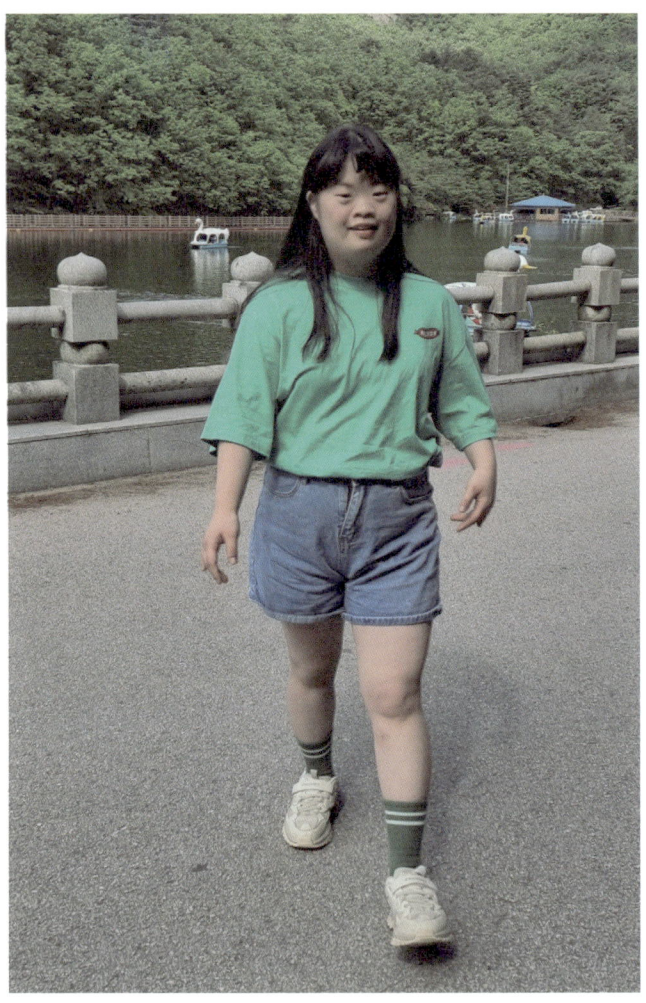

마이산도립공원

전라북도 진안군 마령면 동촌리 745

진안현대화시장

전라북도 진안군 진안읍 시장1길 16

583 양조장

전라북도 장수군 장계면 의암로 583-8

Good bye Jinan

곡성

Letter from Doa

맑은 하늘

밝은 태양

불어오는 바람

곧 여름이 다가오는 뜨거움.

그곳에선 찾아볼 수 없는 북적한 사람들의 시끄러움이

눈에 띄고 있다.

나랑 초여름 여행 같이 갈래?

도림사

전라남도 곡성군 곡성읍 도림로 175

곡성기차마을

전라남도 곡성군 오곡면 기차마을로 232

Doa's Travel Course

DAY 1 ☀ ☁ ☂

곡성기차마을

곡성다올

DAY 2 ☀ ☁ ☂

도림사

품안의숲

곡성성당

곡성 메타세쿼이어길

도깨비마을

엄마의 성격

유쾌하고 수다스러움이 있고 체력이 강한 면과

호기심이 많고 여유로운 것이 있다.

그리고 계획적인 것과 리더십이 많이 강하므로

설득력도 매우 강하고 활발하다.

점수로는 100점 만점에 90%로 95점을 주고 싶다.

품안의숲

전라남도 곡성군 고달면 호곡도깨비길 119-111

곡성 메타세쿼이아길

전라남도 곡성군 곡성읍 읍내리 834-2

도깨비 마을

전라남도 곡성군 오곡면 기차마을로 232

엄마와 나

엄마와 나는 둘도 없는 단짝 친구

Good bye Gokseong

구례

Letter from Doa

천국보다 아름다운

나의 나라, 나의 세계에 온 걸 환영해

이리와 우리 수영장 가자

물장구도 치고

수영도 하고

저녁엔 삼겹살 먹고

어때? 나는 마치 페스티벌 같은데

넌, 어떻게 생각할지 모르겠다.

아무튼 잘 놀아서 좋았어.

오늘도 잘 자. 그럼, 안녕.

로제의그림처럼

쌍산재

전라남도 구례군 마산면 장수길 3-2 쌍산재

Doa's Travel Course

DAY 1 ☀ ☁ ☂

목월빵집 → 구례오일장

구례대나무숲길 → 로제의그림처럼

DAY 2 ☀ ☁ ☂

지리산 피아골계곡 → 화엄사 → 쌍산재

봉서리책방 → 섬진강제첩국수

DAY 3 ☀ ☁ ☂

호호의숲하동 → 유로제다

쌍계수석원식당 → 정금차밭

천개의향나무숲 → 무우루카페

나는 하염없이 엄마만 바라보다가

어느덧 눈에는 눈물이고

어느새 눈물이

나도 모르게

흐르고 있다.

봉서리 책방

전라남도 구례군 구례읍 봉서산정길 61-3

천개의향나무숲

전라남도 구례군 광의면 천변길 12

어느 여름 구례 섬진강 대나무 숲길

숲속에서 공기를 마시며 맑은 하늘과 뜨거운 햇살을 느끼고

숨을 쉴 수 있는 공간 대나무 숲에 풍경 보고 걸어도 보고

사진도 찍어보고 추억도 담아도 보고

동심으로 돌아가 아이들처럼 그네를 타보고

산보고 명상해보고

드넓은 잔디밭에서 아이들이 뛰며 노는 게 상상하게 된다.

엄마들은 아이들보고 그저 흐뭇해하고 있는 것을 알 수 있다.

눈을 꼭 감고 명상하듯

숨소리를 크게 소리 내며 숨을 내쉬고 뱉는 것을

마음으로 느끼고 귀로 듣는 것이

바로 힐링이라는 것을 말한다.

난 엄마와 함께 만으로 여기,

구례에 같이 왔다는 게 힐링이야.

이게 몇 년 만인지 실감이 안 나지만 그래도 좋아

정금다원

경상남도 하동군 화개면 정금리 산168-1

하동 유로제다

경상남도 하동군 화개면 신촌도심길 43-7

무우루카페

전라남도 구례군 문척면 죽연길 6

Good bye Gurye

성주

Letter from Doa

조금은 아쉬운 여름

벌써 마지막 여름이라니 속상해

아직 널 보낼 준비가 안 됐어.

그냥 가지 마! 나랑 있자

나는 너와의 추억이 좋았는데

널 놓아줄 생각은 차마 못 하겠다.

리베볼카페

경상북도 성주군 수륜면 덕운로 1433

성주전통시장

경상북도 성주군 성주읍 시장길 37

Doa's Travel Course

DAY 1 ☀ ☁ ☂

성주전통시장

관운사

성밖숲

왕버들나무 & 맥문동

성주하나로마트

앤의정원펜션

DAY 2 ☀ ☁ ☂

가야산야생화식물원

농가맛집밀:보리굴비정식

리베볼카페

고령덕곡지

앤의 정원에서

맑은 하늘과 꽃들도 보고 나무도 보았고

동화 속 주인공이 된 것 같은 하루였다.

가야산야생화식물원

경상북도 성주군 수륜면 가야산식물원길 49

관운사

경상북도 성주군 성주읍 경산길 38

8월 마지막 밤 이야기

이것 또한 추억이지

엄마와의 시간이 아깝지 않아 엄마가

행복해하는 모습이 난 좋아

또 엄마랑 데이트하고 싶다.

갑자기 문득 생각이 나네

"엄마, 나랑 놀아줘서 고마워

엄마 덕분에 나 안 심심했어."

Good bye Sungju

봉화

Letter from Doa

여자의 마음은 갈대

그, 마음 따라 흔들리네

바람이 솔솔 불어오는 것 같아서

단풍잎도

은행잎도

밤도 까먹고

신명 나게 놀다가

너의 계절에 빠져든다.

나랑 같이 초가을 여행 갈래?

Doa's Travel Course

DAY 1 ☀ ☁ ☂

외씨버선길

춘양역

한수정

억지춘양시장

성암재

DAY 2 ☀ ☁ ☂

국립백두대간수목원

잔디마당열린책방

홀리가든

비나리마을

좋은 아침

좋은 아침이야

아침을 깨우는 맑은 새소리와 바람에 춤추는 나무들

아침의 햇살이 반겨주고 맑은 하늘이 찾아왔어.

성암재

경상북도 봉화군 춘양면 서동길 19-18

국립백두대간수목원

경상북도 봉화군 춘양면 춘양로 1501

홀리가든

경상북도 봉화군 명호면 비나리길 172-57

9월 안녕, 잘가

9월의 추억들이여 나는 아직 널

보낼 준비가 안 되었는데 벌써 떠나가다니

너무 아쉽구나

내 마음속에 9월의 널 떠나보낼 준비가

안 되어 있는데

9월의 날이 내겐 너무나 좋은 시간이었어

9월아 안녕, 이제는 내가 널 보낼게

9월아 잘가, 나는 널 기다릴게

Good bye Bongwha

군위

Letter from Doa

너와 나 단둘이

가을 여행 떠나면

우린 서로 손 꼭 잡으며

발맞춰 걷는 소리는

단풍잎 밟아보고

천천히 풍경도 바라보며 느끼고

행복한 행운이 쏟아진다.

Doa's Travel Course

DAY 1, 2 ☀ ☁ ☂

한밤마을 돌담길 산책 → 나쁜엄마촬영지

남천고택 → 삼국유사테마파크

화산마을 화산산성전망대

리틀포레스트 혜원이네집

화본역

DAY 3, 4 ☀ ☁ ☂

카페우즈

팔공산케이블카

동화사

팔공산석굴암

가산수피아

나쁜엄마촬영지

대구 군위군 부계면 대율리 682-1

오늘은 나쁜 엄마 촬영지에 왔다

내가 좋아하는 배우라서 그런가?

드라마엔 장원영과 서이숙 그리고 유인수가 나왔어.

나도 가보고 싶었는지 또 군위 한밤마을에

나의 직업병

나의 직업병은 매일 글을 쓰는 것이다
우체국 휴게실에 있으면 생각이 나
자꾸 글을 쓰게 된다.
집에선 잘 안 써지는데 나오니까
잘 써진다. 원래 집에서도 쓰긴 쓰는데
요즘 내 머리가 이상해졌다.
나오면 글이 생각나는 건
나 자기 자신도 모르게 나오는 현상은
무엇일까? 나도 잘 모르겠다.
나의 직업병이 아닐까?
문득 갑자기 생각이 났어.

남천고택

대구 군위군 부계면 대율리

화본역

대구광역시 군위군 산성면 산성가음로 711-9

삼국유사테마파크

대구 군위군 의흥면 일연테마로 100

화산마을 화산산성 전망대

대구 군위군 삼국유사면 화북리 산230

동화사

대구광역시 동구 동화사1길 1

팔공산케이블카

대구 동구 팔공산로185길 51

가산수피아

경상북도 칠곡군 가산면 학하들안2길 105

Good bye Gunwi

평창

11월의 마지막의 가을아 이젠 안녕

이제야 널 보내야 할 때가 왔구나
너는 나에게 좋은 추억이었어
너와 함께 있으면 좋은 일만 가득했는데
조금은 아쉽구나
11월의 끝자락에서 억새 갈대를 마주하니
역시 가을은 가을이었구나 아~ 그땐 그랬지
추억을 꺼낼 기회가 있으면 언젠가
꺼내볼 수 있는 시간이 왔으면 좋겠다.

오늘은 그래서 가을 억새 갈대밭에 왔어
마지막의 가을이라 그런지 억새 갈대가 많이 있었다.
사진도 많이 찍고 우린 지금은 카페에서
아빠는 억새 갈대에서 찍은 사진을 보고 있고
엄마는 인스타그램을 보고 있으며
그 옆엔 나는 오로지 나는 내길 간다고 생각하며
세계적인 유명 작가를 꿈꾸는 난
무작정 글을 쓰기 시작했다.

Letter from Doa

Doa's Travel Course

DAY 1 ☀ ☁ ☂

진부국밥

선인장북스테이

DAY 2 ☀ ☁ ☂

대관령옛길 → 대관령치유의숲 → 장안횟집

사천진해변 → 보헤미안커피 → 달달헤롱

수미카페: 감자빵 → 단골집: 오삼불고기

DAY 3 ☀ ☁ ☂

알펜시아스키점프센터

스키점프대회관람

수미 카페

강원도 평창군 대관령면 횡계길 24

선인장북스테이

강원도 평창군 대관령면 솔봉로 173-34

단골집

강원도 평창군 대관령면 대관령로 91 1층

선물

난 조그만 보석입니다.

보물 상자에 보석을 넣어

가져갑니다.

주머니에 넣어 쏙 들어가

'짜잔'하고 나타납니다.

얼마나 귀엽던지

선물은 귀한 선물입니다.

선물은 제가

선물입니다.

국립대관령치유의숲

강원도 강릉시 성산면 대관령옛길 127-42

알펜시아스키점프센터

강원도 평창군 대관령면 스포츠파크길 135

Good bye Pyongchang

목포

Letter from Doa

찬란함이 경이로운 날

기적과 운명의 순간에 간직하고 싶은 가족사진이 있다.
추억이 가득한 공간은 딱 알맞게 따뜻한 온도가 적당했고
나는 차가운 겨울을 좋아한다.

나의 나라, 그것은 눈이 오는 날을 좋아하기 때문이다.
겨울은 나의 친구,
세상에서 제일 아름다운 눈꽃이 빛이라 생각해

나랑 겨울 여행 같이 갈래?

Doa's Travel Course

DAY 1,2 ☀ ☁ ☂

영란횟집:민어코스요리

장터식당

목포근대역사박물관

하얀목화 → 구보책방

DAY 3 ☀ ☁ ☂

유달산 케이블카 → 독천식당

코롬방제과점 → 씨엘비베이커리

석산카페

1987개항문화거리

목포진역사공원

스텔라셀프와인바

코롬방제과점

전라남도 목포시 영산로75번길 7

상상의 나라

이른 아침에 거리를 걷다가

어느 빵집이 눈에 들어왔다.

모닝 빵과 우유를 마시며 여유를 부리다가

결국 나는 시간 가는 줄도 모르고 나도 모르게

1949년에 들어갔다가

현실에 못 빠져나왔다.

엄마의 미소

해밝은 엄마의 미소로 날 반겨주는

햇살보다 더 뜨거운 엄마의 미소

* 해밝게: 해처럼 밝게

구보책방

전라남도 목포시 해안로259번길 41-2 1층

목포근대역사박물관

전라남도 목포시 영산로29번길 6

Good bye Mokpo

나랑 같이 여행 갈래?

야! 너 나랑 어디 좀 가자

나랑 여행 같이 가자

뭐 어때? 머리 좀 안 깜아도 괜찮아 안 감아도 돼

그냥 가는 거지 아무 데나

하긴 뭐 좀 그렇긴 해

근데 여행 가서 감으면 안 될까?

나랑만 있는 건데 그치?

나랑 같이 여행 갈래?

하던 일 멈추고 나랑 어디든 떠나자

너와 함께라면 나는 좋아

옆에 네가 타. 난, 직진만 할래 끝까지가는 거야

무조건 떠나보는 것도 나쁘진 않은데

나는 상관없어. 근데 너는 어디로 가고 싶은지 말해줘

난, 어디든 괜찮아

1판 1쇄 펴낸날 2025년 12월 25일

글 송도아
사진 송수덕 박주라
디자인 박영
편집 박영

펴낸이 박현애 박선영
펴낸곳 경옥초이
이메일 kochoibooks@gmail.com
출판등록 2020년 7월 7일 제251-0020-000182호

ISBN 979-11-987378-7-8
Copyright ©송도아 2025, All right reserved

이 책은 저작권법에 따라 보호받는 저작물이므로 무단전재와 무단복제를 금지하며,
이 책 내용의 전부 또는 일부를 이용하려면 반드시 저작권자와 출판사 양측의 서면 동의를
받아야 합니다.